# Die Höhle am Meer

Impressum:

Die Höhle am Meer – Band 5
aus der Reihe Schwimmen macht Spaß!
Veronika Aretz

Mai 2019

Veronika Aretz, Vennstraße 30, 52134 Herzogenrath


Coverbild & Rückseite: Alfred Neuwald
Illustrationen: Alfred Neuwald; Farbgestaltung: Veronika Aretz
Lektorat: Juliane Jacobsen • julianejacobsen.wordpress.com
Korrektorat: Bettina Bergmann • info@lektorat-bergmann.de
Druck: Frick Kreativbüro & Onlinedruckerei e.K., Krumbach

Ein Titeldatensatz für diese Publikation
ist bei der Deutschen Nationalbibliothek erhältlich.

ISBN: 978-3-944824-68-0

# Die Höhle am Meer

Reihe: Schwimmen macht Spaß!
Band 5

Veronika Aretz

# Inhalt

# Hallo ...

Ich heiße Jana und bin neun Jahre alt. Gerade sitze ich in einem Flugzeug und schaue durch ein kleines Fenster hinaus auf das weite Meer. In der Ferne sehe ich eine große Insel.

„Mama?" Ich drehe mich zu meiner Mutter. Im Flugzeug ist nur das Brummen der Motoren zu hören. „Ist das da vorne schon unsere Insel?"

Mama beugt sich vor, sodass sie aus dem Fenster sehen kann. Draußen ist es noch dunkel, doch am Horizont kämpft sich die Sonne hervor. „Ich glaube schon, mein Schatz", antwortet sie.

„Schade, dass du nicht etwas geschlafen hast. Wir haben noch den ganzen Tag vor uns."

„Ich bin viel zu aufgeregt." Ich verrenke mir den Kopf, um an Mama vorbei auf meinen Bruder Max zu schauen, der den Kopf an Papas Schulter gelegt hat und schläft. Was der alles verpasst! Ich habe als Erste unseren Urlaubsort entdeckt. Dort soll es sehr warm und schön sein. Als wir wenig später landen, ist es schließlich hell.

## Endlich angekommen!

Ich hüpfe von einem Bein auf das andere, während wir uns in einer langen Schlange vorwärtsarbeiten. Es dauert ewig, bis wir schließlich durch sind und unsere Koffer bekommen. Ein großer Bus bringt uns und einige andere Urlauber zu den gebuchten Hotels. Immer wieder steigen Leute aus, doch wir müssen bis zum Schluss sitzen bleiben.

Dann sind wir auch endlich angekommen. Warme Sonnenstrahlen begrüßen uns und ein Gärtner, der gerade die Pflanzen und Palmen gießt, lässt in der Luft einen Regenbogen erscheinen. Überall blühen rosarote Sträucher. Als wir in die Eingangshalle der Hotelanlage gehen, wird mir schlagartig kühl. Ich kuschle mich an Mama. Sie legt einen Arm um mich. „An die Klimaanlage gewöhnst du dich noch", flüstert sie mir zu und lächelt. „Bei der Wärme tagsüber ist sie unverzichtbar."

Vor uns taucht ein Mann mit einem Tablett auf. Kleine Gläser mit einer gelben Flüssigkeit stehen darauf. Ich darf mir eins herunternehmen und schnuppere vorsichtig. Gar nicht schlecht, denke ich und probiere einen kleinen Schluck. Hmm, lecker! Mit geschlossenen Augen genieße ich den restlichen Saft.

Sogleich dürfen wir in unsere Wohnung gehen. Sie liegt fast am Ende der Anlage und wir müssen einen langen Weg hinaufsteigen. Rechts und links wachsen üppige Pflanzen mit knallgelben und rosaroten Blüten, wir entdecken sogar einen Bananenbaum. In unserem Apartment gibt es zwei Zimmer, eine Wohnküche und ein Bad.

„Es ist toll hier!", rufe ich und schmeiße mich auf das Bett in dem ersten Zimmer.

Max stellt seine Sporttasche neben dem anderen Bett ab, denn wir müssen zusammen in einem Zimmer schlafen. Er öffnet gleich die Balkontür und geht hinaus. „Wir haben sogar einen Ausblick auf den Strand!"

Schnell springe ich auf und laufe ihm hinterher. „Cool!", rufe ich. Von hier aus können wir auf die Bucht und das Meer schauen. Am Horizont sehe ich ein paar Segelschiffe.

„Ich will gleich im Meer schwimmen!", rufe ich.

„Wie wäre es, wenn wir erst einmal frühstücken? Mein Magen knurrt schon ganz schön." Papa, der zu uns auf den Balkon gekommen ist, lächelt mir zu.

„Na gut", stimme ich großmütig zu, „aber nicht zu viel, sonst wird mir beim Schwimmen noch schlecht."

„Dann fütterst du die Fische!" Max kichert und ich strecke ihm hinter Papas Rücken die Zunge raus. Brüder!

Den Weg zum Frühstücksraum hüpfe ich fröhlich hinunter. Auch andere Urlauber sind schon unterwegs, die meisten sehen braun gebrannt und zufrieden aus. Neugierig stecke ich meinen Kopf in eine der Buden, die sich hintereinander aufreihen. Ich entdecke Schmuck, Sonnenbrillen und Taschen, dann Handtücher und allerlei Sandkastenzeug. Plötzlich blicke ich einem braun gebrannten Jungen in meinem Alter in die Augen. Er lächelt mich fröhlich an. Neben ihm unter einem Tisch im Schatten liegt ein Hund. Er schaut mich so lieb an, dass ich mich zu ihm herunterbeuge.

„Oh, ist der süß … darf ich ihn streicheln?", frage ich den Jungen.

Dieser nickt. „Baki ist sehr lieb, er freut sich bestimmt darüber."

Der Hund wedelt aufgeregt mit dem Schwanz, während ich ihm sein hellbraunes Fell kraule. „Dein Deutsch ist echt super", wende ich mich an den Jungen, „bist du nicht von hier?"

„Doch, aber wir lernen die Sprache in der Schule. Es kommen so viele Urlauber hierher."

„Die Boards sind cool!" Max zeigt auf die Bretter, die an einer kleinen Mauer lehnen.

Der Junge nickt. „Das sind Bodyboards. Mit denen kann man auf den Wellen reiten."

Mein Blick fällt sofort auf ein besonders schönes Motiv. „Ist das die Bucht von hier?", frage ich.

Jetzt strahlt er mich an. „Ja genau, ich habe das Board selbst bemalt. Es gibt kein zweites davon! Außerdem ist die Form viel besser als alle anderen, die du hier kaufen kannst."

Baki leckt meine Hand ab und ich lache. „Wie teuer ist es denn?"

„Dreißig Euro. Aber ihr bekommt es für fünfundzwanzig!"

Papa kommt hinzu. „Das Brett sieht wirklich klasse aus, Jana", sagt er. „Aber wenn du es dir kaufen willst, hast du dein ganzes Urlaubsgeld schon ausgegeben und du kannst dir kein Eis oder anderes leisten."

Das stimmt leider. Enttäuscht sehe ich den Jungen an, aber er lächelt nur. „Komm einfach vorbei, wenn du es dir überlegt hast", sagt er. „Ich heiße übrigens Marco und ich stehe hier jeden Tag."

# Die ersten Eindrücke

Als wir den Frühstücksraum betreten, bekomme ich erst einmal ganz große Augen. Der Raum ist riesig! Etliche Tische sind mit Geschirr bedeckt und an einigen sitzen schon Leute. In der Mitte ist das Essen aufgebaut, sodass man drum herumlaufen kann. Zuerst suchen wir einen Tisch für uns vier.

„Es gibt ein Frühstücksbuffet“, sagt Papa. „Am besten schauen wir erst einmal, was es alles gibt, bevor wir uns etwas auf die Teller füllen.“

Ich nicke und renne gleich los. So viele Schüsseln und Platten, gefüllt mit Wurst, Käse oder andere leckeren Dingen – wofür soll ich mich bloß entscheiden? Vor allem: Wer soll das alles essen? Schließlich fülle ich mir eine Schüssel voll mit Müsli. An einem Automaten gibt es leckeren Kakao und fünf verschiedene Sorten Saft. Die anderen nehmen sich Brötchen und Aufschnitt.

„Hier ist es einfach toll!“, ruft Max. „Es gibt sogar Schokoaufstrich!“

„Ich hole mir gleich noch etwas Obstsalat“, sage ich. „Oder Pudding. Oder beides.“

Max und ich schauen uns grinsend an.

Als wir satt sind, gehen wir in die Wohnung zurück, um unsere Sachen für den Strand zu holen. Wir kommen an Marco vorbei, der uns fröhlich zuwinkt und ein „Bis später!" hinterherruft. Baki winselt, als wenn er von mir wieder gekrault werden möchte.

„Wollen wir uns das Board vielleicht zusammen kaufen?", fragt mich Max. „Dann hat jeder von uns noch etwas Geld und wir haben bestimmt viel Spaß am Meer."

„Abgemacht!", rufe ich begeistert. „Jeder gibt die Hälfte und es gehört uns beiden!"

Zur Besiegelung unseres Vertrags klatschen wir uns ab.

Auf dem Weg zum Strand kaufen Max und ich dann das Board mit dem Motiv der Bucht. Max bezahlt, während ich Baki kraule. So einen Hund hätte ich auch gerne!

„Gute Entscheidung", sagt Marco. „Ich gehe fast täglich mit meinem Board üben, meistens am späten Nachmittag, wenn es nicht mehr so heiß ist. Wenn ihr wollt, könnt ihr mitkommen. Dann zeige ich euch, wie man sicher darauf stehen kann, ohne ständig herunterzufallen."

„Ja, gerne", antworten Max und ich wie aus einem Mund.

Ich gehe mit meiner Hand über die Oberfläche des Bretts. Was für ein schönes Bild! „Was sind denn das für dunkle Flecken in den Felsen?", frage ich.

„Das sind die Höhlen", antwortet Marco. „Sie sind von der Strömung ausgehöhlt worden. Wenn die Flut kommt, stehen sie voll mit Wasser. Am besten bleibt ihr ihnen fern."

„Klaro!", rufen wir, während wir schon weitergehen. Max hat unser Board unter den Arm geklemmt. Beide sind wir sehr stolz darauf.

## Im Meer schwimmen!

Wir folgen unseren Eltern den Weg hinab zum Meer. Hier sind die Pflanzen nicht so schön wie in unserer Anlage, die meisten haben nicht einmal Blüten. Die Bucht ist rechts und links von Fels gesäumt und der Strand glänzt hell in der Sonne. Über einzelne Stufen und Bretterstege erreichen wir den Bereich, in dem es Liegestühle zu mieten gibt. Papa bezahlt ein Sonnenschirm mit vier Liegeplätzen für die gesamte Woche. Wir breiten unsere Sachen aus und cremen uns erst einmal ein.

„Jetzt können wir zur Dusche gehen“, sagt Mama später. „Die halbe Stunde zum Einziehen der Creme ist rum.“

„Wofür soll ich mich duschen, wenn ich ins Meer gehe?“, fragt Max. „Es ist so heiß und am liebsten würde ich sofort reinspringen!“

„Genau“, füge ich hinzu. „Wir würden doch viel schneller abkühlen, bei der Hitze brate ich schon fast.“

„Und genau das ist das Problem“, erklärt Mama. „Wenn wir so aufgeheizt ins Wasser springen, können wir einen Schock bekommen. Deswegen müssen wir unseren Kreislauf langsam an die Temperatur gewöhnen, und das geht am besten mit einer kalten Dusche.“

Es gibt einige aufgestellte Duschen mitten am Strand. Der Sand brennt wie Feuer unter den Füßen, daher rennen Max und ich so schnell es geht. Umso herrlicher ist es, als das Wasser kalt aus dem Duschkopf spritzt. Abwechselnd laufen wir beide darunter, danach geht es ins Meer. Ich atme die wunderbar salzige Luft ganz tief ein. Es gibt nichts Besseres als den Geruch nach Meer! Die Wellen rauschen und schieben weißen Schaum über meine Füße.

„Hier vorne beginnt der Badestrand", sagt Mama zu Max und mir. „Er wird von Schwimmmeistern überwacht. Trotzdem dürft ihr nicht alleine hinausschwimmen, einer von uns muss euch immer begleiten."

„Ich hab doch schon mein Gold-Abzeichen!", empört sich Max.

„Das ist auch gut so", antwortet Mama. „Trotzdem. Im Meer kann man schnell seine Kräfte überschätzen."

„Ich will bloß bis zur Höhle schwimmen", sage ich.

„Aber die Höhlen sind doch gefährlich", erinnert sie mich.

Ich schüttle den Kopf. „Doch nur, wenn Flut ist, hat Marco gesagt. Guck, jetzt sind dort kaum Wellen."

„Auch wenn es so aussieht, als würden dort kaum Wellen sein", sagt Mama jetzt eindringlich, „so dürfen wir die Strömung nicht unterschätzen. Du hast zwar schon dein Bronze-Abzeichen, aber nach der schlaflosen Nacht im Flugzeug bist du jetzt nicht fit genug."

Das stimmt, ich fühle mich schon ein bisschen schlapp. Daher schaue ich mir die vielen Leute im Wasser an, die herumtoben und mit Bällen spielen. Es gibt aber eine Stelle, die frei ist. Rechts und links von ihr ragen zwei Stangen mit Fahnen aus dem Boden.

„Okay", antworte ich enttäuscht und zeige auf die freie Fläche. „Aber darf ich wenigstens dort eine Sandburg bauen?"

Mama schüttelt den Kopf. „Der Bereich zwischen den schwarz-weiß-karierten Fahnen muss frei bleiben. Der ist für Wassersportler vorgesehen. Oder auch für die Rettungsschwimmer, wenn sie draußen auf dem Meer jemanden retten müssen."

Langsam gehen wir ins Wasser und Mama spritzt sich das Wasser auf den Körper. Max und Papa schwimmen gleich weit hinaus. Ich lege mich auf das Board in knietiefem Wasser und warte eine Welle ab. Jetzt hat sie mich! Eine kleine Strecke werde ich von ihr mitgenommen, dann muss ich stoppen. Direkt vor mir läuft ein Kind vorbei.

Ich versuche es noch ein paar Mal, aber immer kommen mir andere Leute in die Quere. Daher baue ich lieber eine Sandburg und setze das Board als Brücke ein.

# Eine Klettertour

Max und Papa kommen schnaufend von ihrem Ausflug zurück. Offenbar hat es ihnen Spaß gemacht.

„Hier – setzt eure Hüte auf, sonst bekommt ihr noch einen Sonnenstich", sagt Mama. Sie reicht den beiden ihre Kappen. Ich habe längst meinen Strohhut auf.

„Das brauche ich nicht", sagt Max. „Ich bin doch kein Weichei!" Und schon springt er wieder ins Wasser.

Mama verzieht ihr Gesicht. „Natürlich muss auch er sich schützen", sagt sie. „Aber so lange er im Wasser ist, nützt das nichts."

„Ich hole ihn raus", sagt Papa. „Er braucht langsam eine Pause und außerdem ist die Sonnencreme bestimmt schon abgewaschen."

Wenig später sind beide wieder da. Papa wendet sich zu mir um. „Hast du Lust, in den Felsen da vorne herumzuklettern? Ich bin neugierig, was hinter dem Hügel da vorne ist."

„Au ja!" Ich springe auf und ziehe mir Kleid und Schuhe an.

„Creme dich vorher aber noch einmal ein, bei dem Sonnenschein kann es wirklich nicht schaden", sagt Papa und reicht mir die Sonnencreme.

Wenig später steigen wir den Felsen hinauf. Der Weg ist zu Beginn breit und mit Steinen gepflastert, und es kommen uns einige Leute entgegen. Rechts und links türmen sich Felsbrocken in verschiedenen Größen, dazwischen wachsen trockene Sträucher. Manchmal sind wir nah am Meer, manchmal weiter weg. Möwen fliegen kreischend davon, sobald ich in ihrer Nähe auftauche. Ich versuche, sie nicht zu erschrecken, aber das gelingt mir nicht.

Wir nähern uns einer Gruppe Erwachsener, die laut lachen. Ein Mann mit roten Shorts springt gerade ins Wasser, die anderen applaudieren. Der nächste macht sich schon bereit, hinterherzuhechten.

Ich trete ein bisschen näher an den Rand, um zu schauen, wie tief es ist. „Boah, schau mal, wie weit das Wasser weg ist!", rufe ich Papa zu. „Ist das Springen nicht voll gefährlich?"

„Soweit ich weiß, schon", antwortet er. „Ich glaube, die Leute sind sehr unvorsichtig."

Wir schauen eine Weile zu, wie auch die anderen der Gruppe ins Wasser platschen. Als der Springer mit den roten Shorts den Felsen heraufgekraxelt kommt, wird mir etwas klar. „Da vorne muss es einen Aufstieg geben, dann darf man hier bestimmt springen."

Papa zuckt mit den Schultern. „Das könnte sein. Aber die Höhle, von der Marco sprach, muss hier ganz in der Nähe sein. Ich würde das nicht riskieren."

Wir klettern weiter und erreichen schließlich den höchsten Punkt der Felslandschaft. So weit über das Wasser zu schauen ist einfach toll, ich erkenne sogar ein großes weißes Schiff in der Ferne. Unser Lager am Strand wirkt winzig klein und die Leute sehen aus wie Ameisen. Die Felsen auf der anderen Seite sind sehr steil, auch da entdecke ich dunkle Löcher. Ob das alles Höhlen sind? Papa zeigt mir noch, wo unser Apartment liegt, dann klettern wir zurück. Ich freue mich darauf, ein Eis zu essen, denn es ist doch schon sehr heiß.

# Im Pool

Inzwischen ist es bereits Mittag und richtig heiß geworden. Selbst im Schatten halten wir es kaum aus. Wir packen unsere Sachen zusammen, damit wir eine Kleinigkeit in unserer Ferienanlage essen können.

„Eigentlich sollten wir es wie die Einheimischen machen", überlegt Mama. „Sie bleiben in der Mittagszeit in ihren schattigen Häusern und ruhen sich aus. Dann kann ihnen die Sonne nichts anhaben. Und du, mein Lieber, solltest jetzt vernünftig sein!" Sie stülpt Max seine Kappe auf den Kopf.

Doch er lacht nur und rennt weg. Ich sehe, wie er sich die Kappe hinter einer Palme wieder abnimmt. Ich bin keine Petze, also presse ich die Lippen aufeinander und sage nichts.

Wir gehen in eine Bar, wo es wieder viel zu essen gibt. Durch die heiße Luft haben wir wenig Hunger, daher essen wir nur Salat und trinken sehr viel. Eine Zeit lang spielen Max und ich im Innern der Hotelanlage Tischtennis, danach gehen wir an den Pool. Ich entdecke eine rote und blaue Rutschbahn und sehe, wie einige Kinder jauchzend ins Becken platschen.

„Bleibt möglichst im Schatten", sagt da Mama. „Die Hitze ist ganz schön stark, ich will nicht, dass ihr schlappmacht."

„Ich will aber lieber rutschen", quengelt Max.

Mama seufzt. „Na gut, aber bleib nicht zu lange weg."

„Ich gehe mit!", rufe ich und renne Max hinterher.

Wir müssen lange anstehen, ehe wir hinuntersausen können. Eine der Bahnen ist so steil, dass ich einige Meter fast senkrecht rutsche. Nach drei Durchgängen habe ich keine Lust mehr. Ich gehe zurück zu Mama in den Schatten, doch Max bleibt viel länger weg.

Als Max wieder zu uns stößt, hat er einen roten Kopf. Daher darf er nur noch im Schatten bleiben. Wir gehen wieder zu den Liegestühlen am Strand. Sogar ich möchte jetzt lieber unter dem Sonnenschirm bleiben. Am späten Nachmittag entdecke ich Marco, der sich suchend umsieht. Als ich ihm zuwinke, kommt er zu uns.

„Wenn ihr wollt, zeige ich euch jetzt ein paar Tricks", sagt er. Er deutet auf sein eigenes Board, das ein wunderschönes Motiv mit einem Surfer auf einer großen Welle hat.

„Ja gerne!", antworte ich. Dann sehe ich Mama an. „Dürfen Max und ich ans Meer? Es ist ja auch nicht mehr so heiß!"

Mama wiegt ihren Kopf hin und her. „Heiß ist es schon noch und in zwei Stunden gibt es Abendessen."

„Och bitte!", quengelt nun auch Max. „Marco ist extra zu uns gekommen!"

„Hier ist es allerdings zu voll", sagt Marco. „Wir müssen aus der Bucht raus. Draußen sind die Wellen sowieso günstiger zum Surfen."

„Aber wird der Strand dort auch von Rettungsschwimmern überwacht?", fragt Mama.

Marco schüttelt den Kopf. Doch bevor er antwortet, funke ich dazwischen: „Hier ist es unmöglich, mit dem Brett zu üben! Es sind viel zu viele Leute da. Wenn wir nur hierbleiben dürfen, haben wir das Geld für das Board ja rausgeschmissen!"

„Der Strand außerhalb der Bucht ist viel besser als dieser", erklärt Marco. „Es ist sozusagen ein Geheimtipp. Dort gehen alle Einheimischen hin."

„Hmm, das klingt verlockend", sagt Mama. „Aber ich komme mit und passe auf."

## Lagerfeuer

Wir folgen Marco, der uns über einen Trampelpfad auf die Klippe und schließlich hinunter an den Strand führt. Überall liegen trockene Äste von verdorrten Büschen herum. Dafür ist der Strand so gut wie leer, nur zwei Kinder laufen zwischen einzelnen Steinbrocken umher.

Marco bleibt abrupt stehen, dann schimpft er in einer fremden Sprache. „Joel!", ruft er und rennt direkt auf einen Jungen zu, der vor einem kleinen Feuer zwischen den Steinen hockt. „Du weißt genau, dass es verboten ist, hier ein Feuer zu machen!"

„Ah – kommt da schon wieder unser Besserwisser?", antwortet der Angesprochene. Er verzieht sein Gesicht. „Wir passen auf, ist doch klar."

„Es hat aber lange nicht geregnet!" Marco baut sich drohend auf. „Das Gras ist total trocken! Wenn hier alles in Brand gerät, seid ihr daran schuld!" Mit den Händen schaufelt er Sand auf das Feuer.

„He – lass das!" Joel springt auf und drückt Marco weg. „Das ist unser Platz, du hast hier nichts verloren!"

„Und ob ich das hab!", ruft Marco.

„Paula! Daniel!", brüllt Joel nun.

Ein rothaariges Mädchen und ein Junge mit blauen Shorts kommen angelaufen. Marco und Joel versuchen gleichzeitig, an das Feuer heranzukommen. Erschrocken schaue ich zu dem immer noch brennenden Feuer. Entschlossen kippe ich nun auch Sand auf die Flammen. Da springt Paula auf mich zu und stößt mich fort. Max packt sie am Arm und reißt sie zurück, bestimmt will er mir helfen. Jetzt gibt es ein Gerangel, wo jeder den anderen wegstößt.

„Schluss!", ruft Mama laut und energisch. „Hört sofort auf! Alle zusammen!"

Wir verharren in unserer Position. Ich habe Paula an ihrem T-Shirt gepackt und sie mich an den Haaren. Als ich loslasse, stößt sie mich fort. Nur Joel will nicht nachgeben und verpasst Marco einen Stoß in den Bauch.

Mama zieht ihr Smartphone aus der Hosentasche. „Ich rufe die Polizei, wenn ihr nicht gleich aufhört!"

„Wir sprechen uns noch!", knurrt Joel. Er klopft sich den Sand von seinen Sachen, dreht sich um und geht. „Paula, Daniel – kommt!"

Murrend schließen die beiden anderen zu ihm auf. „Hoffentlich haben sie das endlich verstanden", murmelt Marco mehr zu sich selbst als zu uns.

„Was sind denn das für Kinder?", fragt Mama.

„Das sind meine Klassenkameraden", antwortet Marco. „Mit Joel habe ich Probleme, seitdem wir im Kindergarten

zusammen in eine Gruppe kamen. Die anderen beiden haben sich ihm später angeschlossen."

„Unverantwortlich", murmelt Mama.

Jetzt können wir das Lagerfeuer mit Sand überschütten, ohne dass jemand dazwischenfunkt.

# Endlich surfen!

Marco wirft sein Brett in den Sand und schaut sich suchend um. „Hier vorne können wir getrost ein wenig üben."

„Und du bist du dir sicher, dass es hier ungefährlich ist?", hakt Mama nach.

„Mein Vater ist Rettungsschwimmer und heute Morgen haben wir uns die Küste angesehen. Wir wohnen gleich da drüben." Er zeigt hinüber zu einer Häusergruppe, die nah an der Küste gebaut ist. „Mein Vater hat mir eine Menge über das Meer und die Wellen erzählt."

Wir ziehen unsere Kleidung aus und laufen ins Wasser. Marco schwimmt weiter hinaus, ehe er anhält. Als eine Welle mit weißer Schaumkrone angerollt kommt, steht er plötzlich auf seinem Board. Die Beine hat er angewinkelt und die Arme ausgebreitet. Mit der Strömung wird er fast bis zum Strand gespült, ehe er hinunterspringt.

„Wow, das will ich auch können!", rufen Max und ich fast gleichzeitig.

Marco lächelt. „Mit dem Bodyboard übe ich, seitdem ich laufen kann. Jetzt spare ich für ein richtiges Surfbrett. Irgendwann möchte ich bei Wettkämpfen mitmachen."

Nun probiere ich es. Da, die Welle rauscht heran, die muss ich nehmen. Ich stoße mich ab. Das Wasser schwappt über mein Brett. Die Wucht ist total stark, die Welle reißt mir das Brett aus den Händen und es rutscht einfach unter mir weg! Plötzlich ist alles grün um mich herum, alles voller Blasen und Schaum. Das Wasser schmeckt eklig, so richtig salzig. Ich brauche Luft! Panisch sehe ich mich um. Das ist anders als in der Schwimmhalle! Wo ist oben? Da spüre ich Boden unter den Füßen. Ich drücke mich ab und schieße zur Oberfläche. Hustend schnappe ich nach Luft.

Mama steht ganz in meiner Nähe, die Arme nach mir ausgestreckt. „Ich war nur etwas überrascht", beruhige ich sie. Doch sie schaut mich nur skeptisch an.

„Jetzt bin ich dran!", ruft Max.

Immerhin kann er sich am Brett festhalten. Marco leiht mir sein Board und gibt uns reichlich Tipps. Wir üben sehr fleißig, trotzdem schaffen wir es gerade mal, uns mit dem Bauch draufzulegen.

„Wir müssen uns auf den Weg machen, das Abendessen beginnt bald", sagt Mama. Nicht eine Sekunde hat sie uns aus den Augen gelassen.

„Ich will aber noch weiterüben!" Bittend schaue ich Mama an. Sie schüttelt den Kopf. „Ihr könnt euch morgen noch einmal treffen. Jetzt gehen wir zurück zur Hotelanlage."

Marco nickt. „Wenn ihr kurz zu mir kommt, gebe ich euch etwas zum Üben." Er zeigt hinauf zu einem Haus. „Es ist auch nicht weit."

Mama ist einverstanden, und so klettern wir den Hang hinauf. Marco führt uns seitlich an einem Haus vorbei, bei dem alle Läden vor den Fenstern zugeklappt sind. Ich denke, er nimmt den Hintereingang, doch er geht weiter zu einer kleinen Holzhütte hinter einem Bretterzaun.

„Wohnst du denn nicht in dem großen Haus?", frage ich.

Er schüttelt den Kopf. „Solange Urlauber unser Haus gemietet haben, wohnen wir hier. Im Winter ist mein Zimmer da oben." Er zeigt zuerst auf ein Fenster im ersten Stock, danach auf eine der geschlossenen Fensterläden der Hütte. „Und im Sommer hier."

Er verschwindet durch die Tür und kommt wenig später mit einem halb gefüllten Ball und einer Luftpumpe zurück.

Zuerst legt er den Ball auf einen runden Stein, positioniert sein Board so darauf, dass es nicht gleich herunterkippt. Mit beiden Füßen springt er gleichzeitig drauf. Das Board wackelt, doch er gleicht es mit seinen Armen aus. „Ich habe so lange geübt, bis ich sicher war, dass ich auf dem Board stehen kann. Das wird euch helfen. Ihr müsst nur eine Erhöhung suchen, wo ihr den Ball als Unterlage draufstülpt. Hin und wieder muss der Ball aufgepumpt werden."

„Oh – vielen Dank!" Max und ich strahlen. Marco hat so tolle Ideen!

„Ich muss meiner Mutter jetzt auch beim Zusammenpacken des Ladens helfen. Wir können das Stück zum Hotel noch gemeinsam gehen."

Unterwegs erzählt uns Marco von seinem Leben hier unter den Urlaubern. Er hat mehr Ferien als wir, doch muss er in der Zeit viel arbeiten. „Manchmal ist es richtig toll", sagt er, bevor wir uns trennen. „Doch dann gibt es wieder Urlauber, die zu viel Alkohol getrunken haben und auch noch aufs Meer hinausschwimmen. Dann muss mein Vater sie retten. Meistens schaue ich von der Klippe aus zu."

## Max geht es nicht gut

Das Abendessen findet nah am Strand statt und es ist allerhand los. Die Leute laufen durcheinander, um sich etwas vom Buffet zu nehmen. Es gibt wieder solche Mengen, dass die Entscheidung schwerfällt. Zwischen den vielen Platten mit Fleisch, Fisch und allerlei Unbekanntem, das ich niemals essen werde, stehen lustig geschnitzte Melonen. Eine sieht so aus wie ein hungriger Haifisch, eine andere wie ein Papagei. Aus einer aufgeschnitten Ananas schauen drei Bananen heraus, als würden sie wie kleine Delfine herausspringen wollen. Ich kann mich gar nicht sattsehen und komme erst spät zum Essen.

Papa probiert zum ersten Mal Haifisch aus. Für mich ist das nichts, ich mag nur Pommes und Fischstäbchen. Max isst fast gar nichts. Mama schaut ihn besorgt an.

Endlich wird es etwas kühler. Wir schlendern die Strandpromenade entlang, an der viele kleine Stände stehen. Die meisten verkaufen Sachen zum Anziehen oder Souvenirs. Ich kaufe eine besonders schöne Muschel und Max einen Leuchtturm zur Erinnerung. Es gibt auch Musiker, die auf ihren Trommeln spielen und Maler, die auf der Straße sitzen und echt tolle Bilder auf Tapetenreste pinseln. Wir hüpfen auf Trampolinen, aber Max hört schon bald auf, weil ihm davon schlecht wird.

Inzwischen wimmelt es hier von Familien mit Kindern. Mama hatte recht: Die meisten Leute kommen erst aus ihren Häusern, wenn die Sonne nicht mehr so intensiv scheint. Dafür dürfen die Kinder sehr lange aufbleiben.

„Max, was hast du?", fragt Mama plötzlich.

Max sitzt auf dem Boden und lehnt sich gegen eine Mauer. Sein Kopf ist knallrot, bestimmt ist das Sonnenbrand.

„Mir ist so schlecht", murmelt er.

Papa fühlt ihm die Stirn. „Du hast Fieber! Bestimmt hast du dir einen Sonnenstich eingefangen!"

„Oh nein", sagt Mama, „dann warst du doch zu lange ohne Kappe in der Sonne!"

So machen wir uns schnell auf den Heimweg. Max wird von Mama und Papa versorgt und ich höre Mama sagen: „Morgen bleibst du den ganzen Tag im Zimmer und trinkst nur Tee. Danach schauen wir mal, wie es dir geht."

Diesmal widerspricht Max nicht und geht gleich ins Bett. Doch als er sich in der Nacht einige Male übergibt, bleibt Papa bei ihm und ich darf neben Mama im Bett weiterschlafen. Mir tut Max richtig leid.

Max geht es am Morgen nicht besser. Abwechselnd bleiben Mama oder Papa bei ihm, während der andere mit mir etwas unternimmt. Das ist sehr schade, denn in der Familie hat man viel mehr Spaß – doch ich genieße es schon, Zeit mit Mama oder Papa allein zu haben. Auch das Board habe ich auf diese Art für mich. Da der Strand weiterhin überfüllt ist, übe ich fleißig auf dem Ball. Ich mache es, wie Marco es gezeigt hat, doch ich falle immer wieder herunter.

Ein Sturm zieht auf und wenig später gewittert es. Natürlich dürfen wir da nicht ins Wasser, daher bleiben wir zuhause und spielen Mensch ärgere dich nicht.

„Das Gewitter ist weit weg", sage ich zu Papa, der bisher nur mit zwei Figuren ziehen kann. „Könnte ich nicht trotzdem am Strand ein wenig mit meinem Board üben? Jetzt sind auch nicht so viele Leute da."

„Auch wenn das Gewitter weiter weg ist", antwortet Papa, während er eine Vier würfelt, „weiß niemand, wie weit der Stromschlag eines Blitzes reicht. Sogar die Fische tauchen instinktiv in größere Tiefen ab."

Ich würfle eine Sechs. Soll ich einen neuen Spieler aufs Brett bringen oder Papa rausschmeißen? „Aber hier sind wir sicher, oder?", frage ich.

„Am sichersten ist man im Auto, weil es Gummireifen hat und den Stromschlag nicht weiterleitet. Auch in einem Haus mit einer Blitzschutzanlage. Da unsere Wohnung nicht am höchsten Punkt liegt, ist es unwahrscheinlich, dass wir getroffen werden."

„Und ob wir getroffen werden!" Ich lache und schmeiße dabei seinen Spielstein raus.

Papa brummt schmunzelnd. „Wie kannst du nur so unglaubliches Glück haben?"

Doch ich grinse nur.

Am Nachmittag geht Marco wieder mit mir am Strand üben, nur diesmal begleitet uns Papa. Immer wieder probiere ich, auf dem Bodyboard zu stehen, aber dauernd falle ich um. Trotzdem – es macht Spaß!

Als Marco wieder weg muss, geht Papa in unsere Wohnung zu Max. Mama kommt zu mir an den Strand. Ich setze mich mit dem Brett auf den Sand und grabe Wasserwege um meine Sandburg herum. Der Wind weht mir die Haare ins Gesicht. Mein Sonnenhut fehlt! Ich schaue auf. Mama sitzt auf der Liege und liest ein Buch. Mein Hut liegt gleich unter ihrem Stuhl. Seufzend stehe ich auf. Der Sand ist sehr heiß und ich laufe, so schnell ich kann.

„Na, mein Schatz", sagt Mama, „möchtest du was trinken?"

Ich nicke, denn tatsächlich bin ich durstig. Mama schraubt den Verschluss der Wasserflasche auf und reicht sie mir. Als ich gerade trinken will, sehe ich, wie jemand an meinem Sandplatz steht. Er bückt sich und hebt das Brett auf. Dann dreht er sich um und läuft damit ins Wasser.

„He – da klaut einer mein Board!", schreie ich. Die Flasche fällt in den Sand und ich renne los. Aber mein Board ist weg!

## Oh nein!

Angestrengt schaue ich aufs Wasser. Wo ist der Junge, der es mitgenommen hat? So weit weg kann er noch nicht sein!

Mama kommt zu mir. „Hast du gesehen, wer es war?"

„Ein Junge mit einer blauen Badehose", sage ich atemlos. Mit geballten Fäusten starre ich auf das Meer. Das ist so fies! „Der hätte mich doch einfach fragen können", presse ich hervor und merke, wie ich vor Wut zittere.

„Ist es vielleicht der Junge da drüben?" Mama zeigt in die Richtung, in der ich auch schon jemanden beobachte. „Wenn er zurückkommt, fangen wir ihn sofort ab!"

„Der bekommt was zu hören!", knurre ich. Dann stocke ich. „Das ist doch Daniel! Weißt du noch, der Junge, der mit Joel und Paula das Lagerfeuer am Strand gemacht hat?"

„Du hast recht!" Mama beschattet ihre Augen mit der Hand. „Er schwimmt weiter hinaus. Was hat er denn nur vor?"

„Wir müssen der Rettungswache Bescheid geben!", rufe ich. „Die müssen mir mein Board zurückholen! Und ihn bestrafen."

„Die Rettungsschwimmer haben etwas anderes zu tun, sie werden nicht hinausfahren, um dein Brett zu holen." Mama legt mir den Arm um die Schultern.

„Aber jemand muss es tun!", schniefe ich. „Marco hat nur dieses eine schöne Brett, ein zweites mit dem Motiv gibt es nicht!"

Mama zeigt zu unserem Platz. „Lauf rüber und hole deine und meine Sandalen. Dann verfolgen wir den Jungen von den Klippen aus!"

Ich renne sofort los. Als ich wieder bei ihr bin, laufen wir hinüber zum Pfad. „Wo ist er denn?", frage ich ungeduldig.

„Lass uns höher klettern, dann sehen wir ihn bestimmt!", antwortet sie.

Wir kraxeln so schnell wir können, doch auch als wir einen guten Platz erreicht haben, sehe ich ihn nicht. „Wir haben ihn aus den Augen verloren!", jammere ich.

„Das kann doch nicht sein ..." Mama ist ratlos. „Bis vorhin meinte ich noch, dass es der Junge da vorne ist, der kurz vor der Höhle schwimmt. Aber das ist nicht Daniel."

„War es vielleicht doch jemand anderes?"

Wir schauen uns alle Leute im Wasser an und laufen auf den Felsen hin und her. Wir entdecken sogar einige, die schnorcheln und nur ab und zu auftauchen. Doch da ist niemand, der ein Brett bei sich hat, niemand, der sich von den Wellen zum Strand treiben lässt. Ich bin völlig entmutigt, als wir zu unserem Platz zurückkehren.

„Ich muss mit Marco reden", sage ich.

Mama nickt. „Er wird sicher wissen, was zu tun ist."

Marco steht gelangweilt an seinem Stand herum. Als er mich sieht, hellt sich sein Gesicht auf. „Schön, dass du vorbeischaust!", ruft er mir entgegen. Auch sein Hund Baki springt trotz der heißen Sonne auf. Er freut sich ebenfalls, mich zu sehen.

„Daniel hat mein Board geklaut", platzt es gleich aus mir heraus. „Ich habe gerade mal nicht hingeschaut – da war es weg. Zuletzt haben wir ihn in der Nähe der Höhle gesehen."

„Bist du sicher, dass es Daniel war?", fragt Marco überrascht. „Es hat in letzter Zeit nämlich einige Einbrüche in Hotelanlagen gegeben."

Ich zucke mit den Schultern. „Ganz sicher bin ich mir nicht."

Marco ist nachdenklich. „Egal, ob es Daniel oder jemand anderes war, wir sollten nachsehen, ob es in der Höhle versteckt ist."

„Kannst du es denn zurückholen?", frage ich hoffnungsvoll, während ich Baki streichle.

Da grinst er über das ganze Gesicht. „Klar kann ich das. Heute Nachmittag komme ich vorbei. Ich treffe dich dann am Pool, ja?"

Ich nicke und er wendet sich den Leuten zu, die gerade an seinen Stand herantreten. Erleichtert kraule ich Baki noch eine Weile, dann gehe ich zu unserem Platz. Vielleicht holt Marco das Board zurück und ich muss es nicht einmal Max erzählen!

Doch als Marco am Nachmittag mit mir am Strand steht, sieht er sehr nachdenklich aus. „Es ist Flut", sagt er.

„Ja, und?", frage ich ungeduldig. „Was heißt das?"

„Bei Flut haben wir einen Höhenunterschied von zwei bis drei Metern. Dann sind die meisten Höhlen längst überflutet."

„Aber ich sehe sie doch noch. Können wir nicht vorher hin und das Board rausholen?"

Marco schüttelt den Kopf. „Es ist zu gefährlich. Die Strömungen sind auch anders, da kann es passieren, dass du nicht mehr rauskommst. Nein, wir müssen Ebbe abwarten."

„Und wann ist die?"

„Die Gezeiten wechseln in etwas mehr als sechs Stunden. Dann ist es Nacht, das geht also auch nicht. Sobald wieder Tag und keine Flut ist, können wir hin."

Jetzt bin ich enttäuscht. „Dann muss ich es doch noch Max beichten. Er wird sauer sein."

# Max ist wütend

Max ist nicht sauer, sondern stinkwütend. „Wie konntest du unser Board nur aus den Augen lassen!", tobt er. „Du hättest besser darauf aufpassen sollen!"

„Ich wollte doch nur meinen Sonnenhut holen", brülle ich zurück. „Und da war es schon weg! Was hätte ich denn tun sollen?"

„Du hättest es unter den Arm nehmen sollen! Du hättest ..."

„Im Nachhinein hätte man vieles tun können", mischt sich Mama ein. „Max, ich kann verstehen, dass du sauer bist, aber so kommt es auch nicht zurück."

„Darf ich denn morgen das Zimmer verlassen?", fragt er ein wenig ruhiger, wirft mir aber trotzdem noch einen wütenden Blick zu.

„Ja. Fieber hast du nicht mehr und die letzte Suppe hast du auch bei dir behalten. Allerdings musst du die ganze Zeit im Schatten bleiben und viel trinken."

Schmollend zieht sich Max zurück. Ich verstehe seine Wut auf mich, und selbst ärgere ich mich auch, dass ich das Board nicht mit zu den Liegen genommen habe. Als ich abends in meinem Bett liege, hat Max noch immer nicht mit mir gesprochen.

Ich habe eine unruhige Nacht. Dauernd träume ich davon, dass mir jemand etwas klaut und werde wach. Aber dann ist es tatsächlich Max, der mich am Arm rüttelt.

„Du hast uns das eingebrockt, deshalb musst du jetzt mitkommen!", sagt er leise.

„Was? Wohin?", frage ich schlaftrunken.

„Zu der Höhle!" Er steht da, die Hände in die Seiten gestemmt, dass ich richtig Angst bekomme. „Jetzt müsste die Flut vorbei sein. Ich warte nicht, bis es hell wird, dann erlauben es Mama und Papa nicht. Ich will mein Board jetzt zurückhaben!"

Mit einem Mal bin ich wach. „Du willst *jetzt* zur Höhle schwimmen?"

„Nein, *wir* werden zur Höhle schwimmen und *du* wirst dort nachsehen!"

„Aber das ist doch viel zu gefährlich!"

„Pff!" Wütend dreht er sich um. „Ich wusste doch, dass du ein Weichei bist! *Du* hast das verbockt und *du* musst es wieder hinbiegen."

„Ich will es ja wieder gutmachen, aber Marco hat gesagt, nachts darf man nicht schwimmen."

„Er meint, dass man die Bucht nicht verlassen darf." Max dreht sich wieder zu mir, sein Gesicht ist jetzt freundlicher. „Die Höhle ist aber nicht so weit weg vom Strand. Ich bin ja schon mit Papa bis dorthin hingeschwommen, und du schaffst das locker. Die Strömung trägt dich, du brauchst gar nicht viel zu tun."

„Ich weiß nicht …"

Langsam stehe ich auf und gehe auf den Balkon. Die Nacht ist noch immer warm und das Rauschen der Wellen höre ich bis hierhin. Der Mond ist kugelrund und spiegelt sich auf dem Meer. Aber es gibt auch dicke Wolken und der Wind bläst meinen Schweiß fort.

„Wir sind auch schnell wieder zurück", wispert Max. „Vielleicht können wir sogar noch ein bisschen üben, jetzt, wo keine Leute mehr im Weg sind."

Ich stehe eine Weile still, dann gehe ich ins Zimmer zurück. „Aber eincremen brauchen wir uns nicht", flüstere ich.

Max lacht und folgt mir. „Nein, das brauchen wir nicht!"

# Ein nächtlicher Ausflug

Wenig später haben wir unsere Schwimmsachen angezogen und klettern über den Balkon ins Freie. Das ist nicht schwer, denn unsere Wohnung liegt fast ebenerdig. Wir finden schnell den Pfad und sausen ihn hinunter. Am Strand ist es ein wenig gruselig – niemand ist zu sehen. Die Liegen sehen aus wie Grabsteine auf einem Friedhof. Fröstelnd gehe ich neben Max durch den nicht mehr so heißen Sand. Als wir die letzte Liege erreichen, legen wir unsere Sachen dort ab.

„Die Flut geht schon zurück, siehst du?", sagt Max. Seine Stimme klingt ein wenig dünn.

Ich nicke und gehe mit den Füßen ins Wasser. „Brrr, es ist kälter als am Tag."

„Stell dich nicht so an." Max nimmt Anlauf und schmeißt sich in die Wellen. „Komm schon!"

Doch mir gefällt das nicht. Klar, die Höhle ist gar nicht so weit von uns entfernt und eigentlich müsste ich es können – doch was, wenn nicht? Ich sehe mich um. Da entdecke ich einen halb aufgeblasenen Delfin unter einem Liegestuhl. „Ich nehme den mit,

dann kann ich mich daran festhalten, wenn ich nicht mehr kann. Warte, bis ich ihn ganz aufgepustet habe."

Max ist natürlich gleich genervt. „Ich schwimm schon mal vor", sagt er.

Als der Delfin endlich prall aufgeblasen ist, ist mein Bruder schon weit hinausgeschwommen. Schnell eile ich ins Wasser. Die Wellen schwappen mir kraftvoll entgegen. Diesmal ist es viel schwieriger als gestern, etliche Male werde ich zurückgedrückt. Außerdem ist es komisch, im Dunkeln hier zu sein. Der Wind lässt mich frösteln, obwohl es noch warm ist. Die Klippen rechts und links sehen gruselig aus, wie schwarze Wände, die

immer näher kommen. Wie Peitschenhiebe klatschen die Wellen dagegen!

Es dauert eine Ewigkeit, bis ich den flachen Bereich verlassen und zu Max aufgeschlossen habe. „Ich hab das Gefühl, als sei ich zwei Kilometer geschwommen", keuche ich. „Ich kann bald nicht mehr."

„Hab dich nicht so!", sagt Max. Aber auch er schnappt gehörig nach Luft. „Du brauchst nur da rein und das Brett rauszuholen."

Ich sehe mir den Eingang der Höhle an. Es ist sehr dunkel und bis zur Decke ist noch reichlich Platz. Doch der Wellengang ist stark. Manchmal schwappt das Wasser bis an die obere Kante. Angespannt klammere ich mich an den Delfin – doch was ist das? Er ist ja ganz platt!

„Oh nein! Ich kann nicht mehr und muss mich unbedingt irgendwo festhalten!"

Jetzt sieht Max, was für ein Problem ich habe. „Dann hole ich das Brett eben selbst! Warte hier."

Nun schwimmt er auf das dunkle Loch zu. Eine schreckliche Angst überwältigt mich. Was mache ich hier überhaupt? Es ist gefährlich, nachts allein auf dem Meer zu sein, erst recht bei dieser Höhle! Und das nur für ein Board. Bestimmt kann Marco uns ein neues malen …

„Max!", rufe ich, so laut ich kann. „Komm zurück!"

Aber er ist schon in der Dunkelheit der Höhle verschwunden.

Mit einem Mal fühle ich mich total schlapp. Meine Arme und Beine sind müde, ich kann mich kaum noch über Wasser halten. Das viele Strampeln, die Wellen, die mir ins Gesicht schwappen, die kalte Luft - all das wird mir zu viel. Wo bleibt nur Max mit dem Brett? Zum Glück fällt mir ein, was meine Schwimmlehrerin Petra immer gesagt hat: „Wenn ihr mal irgendwo schwimmt, wo ihr euch nicht festhalten könnt, dann legt euch auf den Rücken und macht den Seestern!"

Genau das tue ich jetzt. Ich strecke mich rücklings aus und breite Arme und Beine aus. Mit etwas Bauchspannung halte ich so meinen Körper an der Wasseroberfläche. Die Wellen, die dauernd über mein Gesicht schwappen, ignoriere ich so gut ich kann. Schon bald habe ich eine Lage gefunden, wo ich liegen und verschnaufen kann.

„Jana?" Eine Stimme dringt schwach an mein Ohr. Ich schaue mich um. Die Stimme klingt panisch. „Wo bist du?"

Oh man, ich bin total weit abgetrieben! „Hier bin ich!" Ich strecke meinen Arm hoch und rufe so laut ich kann.

Max schwimmt auf mich zu. „Hast du mich vielleicht erschreckt! Vier Mal habe ich gerufen, und du hast nicht geantwortet!"

„Ich hatte mich hingelegt", antworte ich. „Bestimmt habe ich dich nicht gehört, weil Wasser in meinen Ohren war."

„Egal", sagt er. „Ich habe das Board nicht. Die Höhle ist viel zu klein, um dort etwas zu verstecken."

„Es ist nicht da?"

„Nein. Und wir müssen jetzt schnell zurück. Ich kann mich auch nicht mehr lange über Wasser halten. Außerdem wird es bald hell. Mama und Papa dürfen nicht merken, dass wir fort waren."

Tatsächlich kann ich die Felsen jetzt viel deutlicher erkennen. „Da vorne ist doch der Aufstieg!", rufe ich erfreut. Nun erinnere ich mich an die Leute, die hier heruntergesprungen sind. Es gibt eine kleine Plattform und eine in den Felsen gehauene Treppe mit einem Geländer.

„Stimmt", bestätigt Max. „Komm, da klettern wir rauf!"

## Ein gehöriger Schreck!

Das Plateau zu erreichen ist nicht schwer. Wir verschnaufen eine Weile, dann aber wollen wir schnell nach Hause. Kaum sind wir oben am Pfad angelangt, bellt ein Hund.

„Mist, wir wecken die Leute auf", schimpft Max.

Ich stehe starr vor Schreck, denn nun kommt uns ein schwarzer Schatten sogar entgegengelaufen! Wenn das ein streunendes Tier ist und uns anfällt? Hier im Dunkeln kann uns so schnell niemand helfen.

„Schnell weg!", ruft Max.

Aber der Hund ist schneller. Da erkenne ich das hellbraune Fell. „Baki!" Erleichtert bücke ich mich zu ihm herunter. Er springt freudig auf mich zu und ich lande auf dem Boden. „Mein Lieber! Was machst du denn hier?"

Wenig später trifft mich ein Lichtstrahl mitten ins Gesicht. Dann gleitet er weiter zu Max. „Die Frage ist eher: Was macht ihr beide hier?", sagt jemand.

„Marco!"

Er macht die Taschenlampe aus und kommt näher. „Ich muss jeden Morgen mit Baki spazieren gehen, wenn es noch kühl ist", klärt er uns auf. „Aber mit euch habe ich hier nicht gerechnet!"

„Wir haben in der Höhle nachgeschaut, ob das Board da ist", kläre ich ihn auf. „Aber Daniel hat es woanders versteckt!"

„*Ihr wart mitten in der Nacht im Wasser?*" Marco klingt entsetzt. „Ihr hättet aufs Meer hinausgespült werden und ertrinken können! In der Dunkelheit verliert man so schnell die Orientierung! Wenn ich das gewusst hätte, ich hätte sofort den Rettungsdienst verständigt! Macht das nie wieder!"

Jetzt schäme ich mich zutiefst. Marco ist ein richtig guter

Freund geworden, gerade deshalb tut seine Wut auf uns richtig weh. Ich vergrabe meinen Kopf in Bakis Fell. Wie dumm wir doch waren!

„Allerdings …", überlegt Marco. Ich schaue zu ihm auf, während Baki mir mein Gesicht ableckt. „Vielleicht haben sie … nein, das glaube ich jetzt nicht … oder doch?"

„Was hast du für eine Idee?", fragt Max vorsichtig. Er schlägt mit den Armen um sich, offenbar ist ihm kalt.

„Es gibt noch eine andere Höhle", klärt uns Marco auf. „Damals – ich war etwa sechs Jahre alt – passierte dort ein schrecklicher Unfall. Sie wurde mit einem Gitter versehen und versiegelt. Vielleicht sollten wir sie uns ansehen."

Eine andere, geheime Höhle? Jetzt bin ich aber gespannt!

Marco geht den Weg weiter und wir folgen ihm. „Sie ist vom Wasser aus nicht erkennbar, weil sich einige Felsen davor befinden. Auch von hier aus ist sie nur schwer zu erreichen. Ich kenne mich aus und klettere da runter. Ihr wartet hier." Er wendet sich Baki zu. „Sitz! Und bleib, bis ich wiederkomme!", befiehlt er.

Baki gehorcht. Auch Max und ich wagen nicht, ihm zu widersprechen. Auf einem kaum erkennbaren Pfad kraxelt er hinab. Ich frage mich, ob das nicht auch gefährlich ist. Immerhin wird es zunehmend heller und man kann alles besser erkennen. Es dauert eine Weile, dann taucht sein Kopf auf.

„Da sind Leute in der Höhle", flüstert er. „Ich glaube, es sind die, die nachts bei den Urlaubern einbrechen und ihre Sachen stehlen!"

„Was?" Max und ich sind entsetzt.

„Wenn ihr mir helft, können wir sie auf frischer Tat ertappen. Max, kannst du zu meinem Vater laufen? Der soll die Polizei verständigen. Nimm Baki mit, der bringt dich auch sicher hin."

Max nickt. Marco klipst eine Leine am Halsband an und schon ziehen beide los.

„Jana, wir klettern ein Stück tiefer und beobachten sie. Falls sie herauskommen, verstecken wir uns hinter den Felsen, da gibt es genug Spalten. Hier oben würden sie uns sofort sehen. Dann können wir sie der Polizei genau beschreiben. Vielleicht ist sie bis dahin auch schon angerückt."

Ich bin einverstanden. Marco zeigt mir, wohin ich meine Füße setzen soll und bei schwierigen Stellen hilft er mir. Dann endlich hocken wir rechts und links vor einer Spalte im Felsen. Das Wasser hat sich vom Meer einen Weg dorthin gebahnt und die Felsen spiegelglatt geformt. Es schwappt bis zu einer Höhle, vor der ein Gitter angebracht ist. Aus dem Innern leuchtet ein schwacher Lichtschein und leise Stimmen dringen bis zu uns.

„Das Gitter ist an einer Seite aus dem Felsen gerissen worden", erklärt Marco leise. „Dort sind sie durchgeschlüpft."

„Aber wird die Höhle bei Flut nicht überschwemmt?", frage ich.

Marco nickt. „Sie ist innen so hoch, dass sich eine Luftblase bildet. Bestimmt haben sie die gestohlenen Sachen ganz oben verstaut. Pass auf, sie kommen raus!"

Bevor ich jemanden sehe, höre ich eine Mädchenstimme. „Es ist schon hell – wir müssten längst zu Hause sein", sagt sie.

„Ich hab dir vorhin schon gesagt, dass wir aufhören sollen", beschwert sich ein Junge.

„Joel!" Marco sieht zu mir rüber. „Und Paula. Bestimmt ist Daniel auch dabei."

Tatsächlich zwängt der sich als Erster durch die Lücke am Gitter. Entgegen seinem Vorsatz, sich versteckt zu halten, richtet sich Marco leise auf. Als Joel hochschaut, um hinaufzuklettern, entdeckt er ihn. Wenn sich Marco ihm mit grimmigem Gesicht entgegenstellt, kann ich mich jetzt auch zeigen. Sie sollen wissen, dass sie dort nicht so einfach herauskommen. Joel schnaubt laut und ballt die Fäuste. Paula schlüpft gerade durch die Lücke, dahinter kommt Daniel.

„Was sucht ihr denn hier?", blafft Joel. „Verschwindet!"

„Nein, das tun wir nicht!", entgegnet Marco. „Im Gegenteil, wir lassen euch hier nicht mehr raus. Was habt ihr in der Höhle versteckt? Geklaute Sachen? Dafür wird sich die Polizei sicher –"

Joel stürmt vor und unterbricht Marco. Es gelingt ihm, sich zu Marco auf den Felsen zu ziehen und sich auf ihn zu stürzen. Marco versucht, ihn von sich zu halten, doch da taumelt er zurück und landet auf seinem Po. Joel will sich auf ihn werfen, aber er rutscht zur Seite weg. Ich höre einen dumpfen Schlag – ist sein Kopf gegen den Felsen gestoßen? Dann kullert er den Abhang hinunter. Sein Schrei wird vom Platschen ins Wasser erstickt.

Währenddessen klettert Paula auf der Seite hoch, wo ich hocke. Ich versuche sie abzuwehren, doch das Mädchen ist schneller und windet sich an mir vorbei. „Joel ist gestürzt!", rufe ich, aber offenbar interessiert es sie wenig. Daniel, nur wenige Schritte dahinter, folgt ihr schweigend und gemeinsam verschwinden sie in den Schatten der Felsen.

Ich springe auf und stelle mich neben Marco, der gebannt aufs Wasser starrt. Das diffuse Morgenlicht glitzert auf den Wellen, daher kann ich Joel nirgends entdecken. Da – ein Arm taucht auf, dann ein Kopf. Ich höre ihn rufen, dann geht er wieder unter.

„Schafft er es?", frage ich Marco.

„Sieht nicht danach aus." Marco drückt mir die Taschenlampe in die Hand. „Wir müssen ihn sofort rausholen. Jana, hole das Brett aus der Höhle und wirf es mir zu. Beeil dich!"

Er streift seine Schuhe ab und zieht sein Shirt aus. „Schnell – es geht um Leben und Tod!", ruft er und springt mit einem Satz ins Wasser.

# Rettungsaktion

Während ich zur Höhle hinabklettere, sehe ich Paula und Daniel oben auf dem Weg wegrennen. Paula hält nur einmal kurz inne, schaut dabei aufs Wasser, dann aber flüchtet sie weiter.

Schnell springe ich das Stück hinab und schiebe mich an der besagten Stelle am Gitter vorbei. Zum Glück leuchtet mir die Taschenlampe den Weg, sodass ich gut vorwärtskomme. Ich hangele mich einen kurzen Gang entlang, in dem ich aufrecht stehen kann. An einer Stelle rutsche ich zur Seite weg, kann mich aber gerade noch rechtzeitig fangen. Mein Schrei hallt trotzdem laut von den Wänden wider.

Mein Herz hämmert in meiner Brust. Wo ist das verflixte Brett?

Nach wenigen Schritten beleuchte ich eine Höhle. Die Wände sind dunkel und glitzern. Das auf der Erhöhung da – das könnte unser Board sein! Ich versuche, näher heranzukommen, aber ich rutsche auf dem glatten Stein immer wieder ab und schürfe mir Knie und Ellbogen auf. Da entdecke ich seitlich einen Felsbrocken und Trittstufen im Felsen. Geschwind ziehe ich mich nach oben. Die Plattform dort ist so niedrig, dass ich mich ducken muss. Von hier fällt das Licht auf eine Menge Zeug – neben Schmuck und Brieftaschen auch Handtücher und Schwimmbrillen. Es ist so viel, dass ich das alles gar nicht richtig erkennen kann. Wahnsinn! Da ist ja das Board! Schnell packe ich es und gleite den Felsen hinab. Unten wäre ich beinahe ausgerutscht, doch ich fange mich und renne hinaus. Dann klettere ich den Felsen hinauf, um zu sehen, wo Marco und Joel stecken.

Inzwischen ist es hell genug geworden. Ich kann Marco erkennen, der nicht weit entfernt schwimmt. Er hält Joel fest umklammert. Joel liegt wie eine Puppe im Wasser.

„Jana, wirf mir das Board zu!“, ruft Marco mir zu. „Wir versuchen, zum Anlegeplatz zu schwimmen.“

Das Board segelt durch die Luft und landet im Wasser, zum Glück ganz in Marcos Nähe. Er packt es und hält sich mit einer Hand daran fest, mit der anderen unterstützt er Joel. Das Brett hilft beiden, sich über Wasser zu halten.

Ich schnappe mir Marcos Schuhe und Shirt, und so schnell es geht klettere ich hinauf zum Weg. Hechte dann die wenigen Meter nach links zum Geländer, an dem wir vorhin hinaufgekommen sind. Marco erreicht gerade den Landesteg, als ich die Treppe herunterflitze. Ich helfe mit, Joel auf die Plattform zu ziehen. Der scheint recht benommen zu sein, denn er wackelt hin und her. An seinem Kopf sehe ich etwas Blut, wahrscheinlich hat er sich dort verletzt.

„Was … was ist los?", nuschelt er mit flackernden Augenlidern.

„Bleib ruhig liegen, du bist verletzt", sagt Marco.

„Au!", jammert Joel und wirft Marco einen bösen Blick zu. Er versucht sich aufzurichten, doch es gelingt ihm nicht.

„Wir haben Hilfe geholt, es wird bestimmt gleich jemand kommen", beschwichtigt Marco. „Dieses eine Mal musst du auf mich hören und einfach still liegen bleiben!"

Vom Ort her klingt ein Martinshorn zu uns herüber. Ich schaue zum Strand rüber. Da – ein Rettungsboot ist bereits zu uns unterwegs. Marco steht auf und winkt mit beiden Armen. In einer Hand hält er die leuchtende Taschenlampe. „Papa – hierher", brüllt er.

Das Boot steuert nun direkt auf uns zu. Wenig später stoppt

es an der Plattform und das Wasser schwappt zu uns herüber. Ein Mann in einer Rettungsweste steht am Lenkrad. Das muss

Marcos Vater sein. Mit seinem dichten Bart sieht er ein wenig grimmig aus. Die Frau neben ihm nickt uns freundlich zu, auch sie hat eine Rettungssanitäter-Uniform an. Sobald das Boot nah genug ist, springt sie heraus und beugt sich über Joel. Die beiden reden miteinander, wahrscheinlich auf Spanisch.

„Er hat nur eine Platzwunde am Kopf", sagt sie zu mir auf Deutsch. „Und ein bisschen viel Wasser geschluckt. Es wird ihm gleich besser gehen."

Marcos Vater reicht ihr eine Tasche. Sie nimmt sie entgegen und holt Verbandsmaterial heraus. Mit flinken Händen verbindet sie die Wunde, dann wird Joel ins Boot getragen.

„Steigt ein." Marcos Vater wendet sich mir zu. „Bestimmt wollen deine Eltern wissen, wo du steckst."

„Gib ihr eine Decke", sagt Marco. „Jana war vorhin schon im Wasser."

Marcos Vater stockt kurz und schüttelt dann den Kopf, als würde er sich eine Bemerkung für später aufheben. Mir schwant, dass da eine Menge Ärger auf Max und mich zukommen wird.

Kaum sind wir ins Boot geklettert, rast es zurück an den Strand. Die Frau hilft mir, mich in die Decke einzuwickeln, bis nur noch mein Gesicht herausschaut. Auch Marco ist so vermummt. Als sich unsere Blicke treffen, lächelt er mir zu.

„Danke für das Board, Jana", sagt er. „Ich hatte echt Mühe, Joel und mich über Wasser zu halten. Da kam es genau richtig."

Marcos Vater steht am Steuer, nun dreht er sich zu uns um. „Gut, dass du Baki mit dem Jungen zu mir geschickt hast", sagt er zu Marco. „Ich habe sofort die Polizei verständigt. Aber dann hab ich von oben gesehen, dass jemand im Wasser ist und habe gleich das Boot genommen. Und ich konnte über Funk meine Leute verständigen. Auch der Rettungswagen wird gleich da sein."

Mit großer Geschwindigkeit sausen wir auf den Strand zu. Beinahe habe ich das Gefühl, dass wir darüber fliegen werden, doch das Boot stoppt noch rechtzeitig. Blaulicht kommt von der Straße immer näher, dann erhellen Lampen die Umgebung. Plötzlich sind viele Leute da und alle sprechen durcheinander. Jemand führt mich zu einem Krankenwagen, wo auch Max schon wartet. Wir werden gefragt, ob uns etwas wehtut, und ich zeige meine Schürfwunden vom Klettern, doch die sind wirklich nicht schlimm.

Wenig später sind Mama und Papa da. Sie drücken mich und Max immer wieder und Mama weint – obwohl ich ihr versichere, dass es mir gut geht. Wir erzählen alles, von unserem nächtlichen Ausflug bis hin zu Joels Rettung. Mama und Papa sehen total entsetzt aus als sie hören, dass wir nachts alleine rausgeschlichen und ins Meer gegangen sind. Bevor sie aber schimpfen können, kommen Marco und sein Vater auf zu uns.

„So, ihr beiden." Marcos Vater sagt dies mit einer dunklen Stimme, die mir Angst einflößt. „Ihr habt das Leben des

Jungen gerettet – das steht außer Frage! Aber wenn ihr den Dieben nicht aufgelauert hättet, wäre es gar nicht so weit gekommen. Was macht ihr eigentlich zu dieser Zeit hier am Strand? Ihr solltet in euren Betten liegen!"

Max und ich schauen betreten zu Boden, sagen aber nichts.

„Falls ihr im Wasser gewesen seid", sagt er, „dann habt ihr euer eigenes Leben aufs Spiel gesetzt. Ist euch das klar?"

Wir beide nicken. Die Anstrengung spüre ich noch immer in den Gliedern und so langsam merke ich, wie ich zittere. Marco geht es offenbar gut, er steht mit den Händen in den Hosentaschen neben uns und lächelt. „Er meint es nicht so, seine Stimme klingt nur immer sehr streng", flüstert er mir zu.

„Im Moment wollen wir es mal dabei belassen", sagt Marcos Vater. „Ihr geht am besten ins Hotel und lasst euch etwas Ordentliches zu essen geben, heiße Hühnerbrühe wäre gut. Dann schlaft euch aus. Sobald ihr wach seid, kommt ihr zu mir auf den Hochstand. Dann reden wir noch mal in Ruhe über euer Abenteuer, okay?"

Wir nicken. Dann nimmt mich Papa Huckepack und trägt mich den ganzen Weg hinauf ins Hotel, ohne etwas zu sagen. Im Empfang der Hotelanlage setzt er mich ab und redet mit den Leuten an der Rezeption. Max und Mama treffen kurz danach ein. Ich freue mich, als ich Marco neben ihnen sehe.

Wir bekommen tatsächlich noch vor allen anderen Gästen einen Morgenimbiss. Dann reden wir über unser Erlebnis und sind einfach nur glücklich, dass es gut ausgegangen ist. Die Sonne knallt schon bald heiß vom Himmel und die Urlauber strömen aus ihren Wohnungen. Als ich das dritte Mal gähne, schickt Mama mich und Max ins Bett. Bevor wir verschwinden, verabreden wir uns noch mit Marco für den Nachmittag.

# Die letzten Tage

Als Max und ich gegen Mittag aufwachen, fühlen sich unsere Beine an wie Pudding. Heute werden wir sicher nicht auf dem Board üben, falls wir das überhaupt noch dürfen. Mama und Papa sitzen mit ernsten Gesichtern am Tisch.

„Zuhause wird es noch eine ordentliche Strafarbeit geben", prophezeit uns Papa. „Während wir hier in Urlaub sind, wächst das Unkraut im Garten weiter. Ihr werdet mir die nächsten zwei Wochen helfen, es auszuziehen."

„Und mir die beiden Wochen danach", sagt Mama. „Es gibt immer was aufzuräumen und wegzuwischen – macht euch mal auf viel Arbeit gefasst."

Max und ich schweigen. Immerhin können wir verstehen, dass wir Strafarbeiten bekommen, aber vier Wochen sind ganz schön viel. Wir wissen jetzt jedenfalls genau: Niemals alleine draußen schwimmen gehen, schon gar nicht nachts.

Wenig später klettern Max und ich auf den Hochstand, von dem aus die Rettungsschwimmer die Leute beobachten. Marcos Vater hat ein Fernglas in der Hand, durch das er ständig durchschaut.

„Und, Jana, Max, seht ihr die Flagge?", fragt er.

„Jetzt ist die Flagge rot-gelb gehisst", sagt Max. „Aber ich weiß nicht, was sie bedeutet."

„Sie bedeutet, dass wir aufpassen und das Baden weitgehend ungefährlich ist."

„Gestern Nacht hab ich aber keine Flagge gesehen", sage ich.

„Weil wir die zur Nacht abnehmen. Gestern Nachmittag hing die gelbe Flagge. Sie heißt, dass nur gute Schwimmer ins Wasser dürfen. Ihr hattet Glück, dass es nicht die rote Flagge war. Denn die warnt vor allgemeinen Gefahren, wie zum Beispiel vor hohen und gefährlichen Wellen oder vor Blaualgen und Quallenschwärmen. Wenn sie gehisst ist, dürft ihr auf keinen Fall ins Wasser."

Und genau das waren wir! Im Nachhinein erkenne ich, welches Glück wir doch hatten!

„Es gibt noch etwas, dass euch beinahe euer Leben gekostet hätte", fährt Marcos Vater fort. „Es ist unglaublich gefährlich, bei einsetzender Ebbe zu schwimmen! Geht ihr also ins Wasser, wenn die Flut gerade vorbei ist, dann begebt ihr euch in akute Lebensgefahr. Ihr dürft nur im Niedrigwasser und bei einsetzender Flut schwimmen, sonst werdet ihr aufs offene Meer rausgezogen!"

Wir erfahren noch mehr von den Vorgängen der Rettungsschwimmer und dürfen sogar einmal durch das Fernrohr sehen. Dann aber müssen wir gehen, damit Marcos Vater seine Arbeit tun kann.

Wir gehen noch mal rüber zu Marcos Stand. Der hat Besuch vom obersten Chef der Rettungswache. Man will ihn jetzt schon in die Ausbildung zum Rettungsschwimmer aufnehmen – zunächst als Praktikant. Als er das hört, strahlt er über das ganze Gesicht und ist ganz happy. Schließlich hat er ja schon jemanden gerettet. Joel liegt noch im Krankenhaus, aber es soll ihm gut gehen.

Am späten Nachmittag sitzen wir unter unserem Sonnenschirm und spielen Karten. Da kommt eine Frau auf Max und mich zu, die sich als Joels Mutter vorstellt.

„Ich möchte Ihren beiden tollen Kindern persönlich danken", sagt sie zu Mama und Papa. Dann dreht sie sich zu uns um. „Joel hat richtige Dummheiten gemacht. Es war gut, dass ihr ihm und seinen beiden Kameraden auf die Schliche gekommen seid. Besser jetzt, als in einigen Jahren, wenn er dann vielleicht noch Schlimmeres anstellt. Ich möchte euch von Herzen danken. Kann ich vielleicht irgendetwas für euch tun?"

Max und ich sehen uns überrascht an. „Nein", sagt Max schließlich. „Hauptsache, Joel ist gerettet und es geht ihm gut."

Joels Mutter schüttelt den Kopf. „Marco hat genau das Gleiche gesagt. Aber fällt euch denn gar nichts ein?"

Ich richte mich kerzengerade auf. „Ich habe da eine Idee ...", sage ich und tuschle kurz mit Max. Er nickt und dann lächle ich Joels Mutter zu. „Also, da wäre doch etwas ..."

Am nächsten Tag sind wir gleich nach dem Frühstück unterwegs zum Strand, wo wir Joel, Daniel und Paula das erste Mal getroffen haben. Mama und Papa begleiten uns. Es ist noch nicht so heiß und ein angenehmer Wind geht über die Dünen.

Wir treffen Marco, der mit seinem Board bereits auf uns wartet. Er wirft Stöckchen durch die Luft, denen Baki aufgeregt hinterherjagt und zu ihm zurückbringt. Als wir uns ihm nähern, lächelt er. „War das eure Idee? Joels Mutter steht an meinem Stand, damit ich frei habe!"

„Sie hat gefragt, ob sie etwas für uns tun darf", antworte ich. „Da hab ich ihr gesagt, dass du bestimmt gerne mal frei hättest. Aber dass du in der Zeit mit uns auf dem Board üben willst, hätte ich nicht gedacht."

„Es macht mir Spaß mit euch beiden", lächelt Marco. „Und außerdem möchte ich selber auch besser werden. Heute ist etwas mehr Wind, da wird das Surfen richtig toll!"

„Meint ihr, dass Joels Mutter wirklich die richtige für den Stand ist?", fragt Mama. „Ihr Sohn bekommt durch euch einigen Ärger, und so viel Zeit wird sie auch nicht haben."

„Joels Mutter hat mir versichert, dass sie mir dafür danken will, dass ich ihren Sohn gerettet habe", sagt Marco. „Sie hat intensiv mit ihm geredet und er bereut seine Taten. Daniel und Paula haben bisher nur nach seiner Nase getanzt, auch sie werden inzwischen gemerkt haben, was sie für Dummheiten gemacht haben."

„Dass sie sich bei eurem Abenteuer aus dem Staub gemacht haben, war wirklich nicht schön von ihnen", sagt Papa. „Ich nehme an, sie haben einfach nur Angst bekommen. Wären Erwachsene in einer solchen Situation weggerannt, wäre das unterlassene Hilfeleistung." Er schaut auf seine Armbanduhr und zieht die Augenbrauen hoch. „Aber jetzt nutzt die freie Zeit besser aus. Reden können wir später immer noch!"

Mama nickt lächelnd. „Dann zeigt uns mal, was ihr schon alles könnt!"

Marco hebt sein Board vom Boden auf. Als ich genauer hinsehe, sind es aber zwei. „Ich habe noch eins mitgebracht, damit wir alle gleichzeitig surfen können", sagt er und reicht mir ein gelbes Brett.

„Cool!", lache ich.

Jetzt ist der Tag perfekt! Wir laufen zusammen los, um uns in die Wellen zu stürzen.

„Aber schwimmt nicht zu weit hinaus", ruft uns Mama besorgt hinterher.

„Klaro!", antworte ich.

Endlich können wir wieder mit unseren Boards üben. Es macht riesigen Spaß und die Zeit vergeht im Nu. Max gelingt es als Erster, auf dem Board zu stehen, ohne dass er gleich herunterfällt. Ich brauche wohl noch ein bisschen Zeit, aber der Urlaub ist ja noch längst nicht zu Ende …

## Kreuze an, welche Aussage stimmt:

**1. Was solltest du vor dem Schwimmen essen?**

☐ Eine Kleinigkeit wie Obst oder ein Butterbrot.

☐ So viel, dass ich richtig satt bin und damit viel Kraft zum Schwimmen habe.

**2. Was solltest du tun, wenn du am Meer bist und gerne etwas weiter hinausschwimmen willst?**

☐ Ich sollte jemandem Bescheid geben und nicht alleine schwimmen.

☐ Wenn ich mein Bronze-Abzeichen habe, kann ich so gut schwimmen, dass ich größere Strecken auch alleine schaffe.

**3. Was solltest du nach dem Sonnenbaden und einer kalten Dusche unbedingt machen?**

☐ Ich springe schnell ins Wasser.

☐ Ich gehe langsam ins Wasser und benetze nacheinander alle Körperpartien.

**4. Wenn du an einem unbewachten Strand ins Wasser gehst und das Gefühl hast, das Wasser zieht dir die Beine unterm Po weg, dann ...**

☐ ... gehe ich an den Strand zurück, da gefährliche Strömungen kaum zu erkennen sind und sich ständig ändern.

☐ ... kann ich unbesorgt schwimmen, denn die Strömung bringt mich immer wieder zum Strand zurück.

**5. Wenn du im tiefen Wasser bist und das Ufer weit entfernt ist, was tust du, wenn du plötzlich müde wirst?**

☐ Ich lege mich auf den Rücken und ruhe mich aus.

☐ Ich mache mit Rufen und Winken auf mich aufmerksam.

**6. Was könnte dir passieren, wenn du von einer Klippe ins Meer springst?**

☐ Ich muss damit rechnen, dass es nicht tief genug ist und die Strömung mich gegen die Klippen zieht.

☐ Ich könnte mit Fischen zusammenstoßen und das wäre sogar lebensgefährlich.

**7. Wenn du eine gehisste Flagge siehst, gilt die Bedeutung auch für dich?**

☐ Nein, sie gilt nur für die Leute, die weit aufs Meer schwimmen wollen.

☐ Ja, denn jeder Badegast muss solche Warnhinweise sowie auch Bojen, Absperrungen und Begrenzungen unbedingt beachten.

**8. Was solltest du tun, wenn du auf der Luftmatratze eingeschlafen bist und dich plötzlich weit ab vom Strand befindest?**

☐ Ich rufe laut um Hilfe und mache mit Winken auf mich aufmerksam.

☐ Da ich ein Superschwimmer bin, kann mir nichts passieren, ich schwimme einfach zurück.

**9. Darfst du nachts alleine schwimmen gehen?**

- ☐ Nein, weil ich beim Schwimmen nachher nicht mehr weiß, wo ich mich befinde.
- ☐ Wenn es nicht stürmisch ist, ist das für mich kein Problem.

**10. Wenn du dich im Freien aufhältst und von einem Gewitter überrascht wirst, dann …**

- ☐ … suche ich Schutz unter einem alleinstehenden Baum.
- ☐ … hocke ich mich in eine schlammfreie Mulde; dort gehe ich in die Hocke, schlinge die Arme um meine Beine und setze die Füße mit einem kleinen Abstand nebeneinander.

## Keine Baderegeln, aber wichtige Hinweise:

### 11. Offene Feuer

sind nur erlaubt, wenn es ausdrücklich ausgeschildert ist, z. B. auf öffentlichen Lagerplätzen. Ein Feuer, welches sich unkontrolliert ausbreitet, kann vor allem bei Trockenheit sehr großen Schaden anrichten.

### 12. Seestern zum Ausruhen:

So geht der Seestern: Lege dich auf den Rücken. Ziehe die Schultern zurück und atme dabei tief ein. Richte deinen Blick zum Himmel, die Nasenspitze zeigt auch dorthin. Wedle leicht mit den Händen, sodass du deine Beine an die Wasseroberfläche bringst und dort hältst. Entspanne dich, stelle dir vor, du liegst im Bett.

### 13. Unterlassende Hilfeleistung ist strafbar!

Du solltest in einem Notfall Ruhe bewahren und einen Erwachsenen um Hilfe bitten oder laut um Hilfe rufen. Falls du ein Handy dabei hast, rufe die 1-1-2 an und erkläre zügig, wo und was passiert ist, wie viele Menschen verletzt sind und warte auf Rückfragen.

### 14. Wenn du den Rettungsdienst rufst

Mache mit Winken auf dich aufmerksam, damit der Rettungsdienst dich schnell findet.

# Auflösung:

## 1. Was solltest du vor dem Schwimmen essen?

☑ Eine Kleinigkeit wie Obst oder ein Butterbrot.

**Schwimme nicht mit leerem oder vollem Magen.**

**Erklärung:** Ein zu voller Magen kann dir Probleme bereiten. Bei der Verdauung wird der Magen stärker durchblutet und dadurch deinen Muskeln viel Energie entzogen, dein Körper ist geschwächt und neigt zu Krämpfen. Beachte außerdem, dass du dich beim Schwimmen schnell verschlucken und dein Mageninhalt hochkommen kann.
Wenn du gar nicht isst und schwimmen gehst, bist du schnell unterzuckert und fühlst dich schwach. Dir kann auch übel werden oder du kannst Kopfschmerzen bekommen.

---

## 2. Was solltest du tun, wenn du am Meer bist und gerne etwas weiter hinausschwimmen willst?

☑ Ich sollte jemandem Bescheid geben und nicht alleine schwimmen.

**Überschätze nicht deine Kraft und dein Können. Denke an den Rückweg.**

**Erklärung:** Selbst Erwachsene können Entfernungen falsch einschätzen und in Gefahr geraten, daher pass auch du auf. Durch Strömungen, starke Winde und die Beschaffenheit des Untergrunds können die Strömungen schon anders sein als am Vortag!

## 3. Was solltest du nach dem Sonnenbaden und einer kalten Dusche unbedingt machen?

☑ Ich gehe langsam ins Wasser und benetze nacheinander alle Körperpartien.

**Springe nie erhitzt oder trocken ins Wasser, kühle dich vorher ab.**

**Erklärung:** *Beim abrupten Kontakt mit kaltem Wasser kann dir plötzlich schwindelig werden. Durch einen zu schnellen Wechsel von heiß nach kalt bremst dein Körper die Herztätigkeit ab. Ein zu schnelles Eintauchen ins Wasser – vor allem, wenn der Kopf mit untertaucht – kann diesen negativen Effekt verstärken.*
*Auch langes Sonnenbaden auf einer Luftmatratze kann durch das kalte Wasser zu einer starken Kreislaufbelastung führen.*

**Schütze deinen Kopf vor der Sonne und creme dich ein.**

**Gehe langsam ins Wasser und benetze nacheinander alle Körperteile.**

## 4. Wenn du an einem unbewachten Strand ins Wasser gehst und das Gefühl hast, das Wasser zieht dir die Beine unterm Po weg, dann …

☑ … gehe ich an den Strand zurück, da gefährliche Strömungen kaum zu erkennen sind und sich ständig ändern.

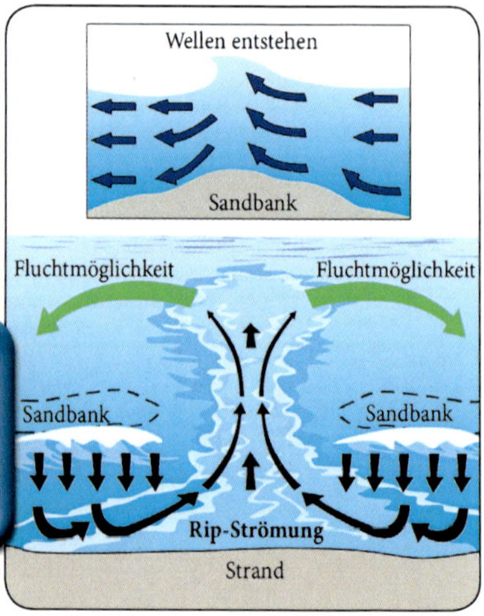


**Unterschätze niemals die unberechenbaren Kräfte im Meer!**

**Erklärung:** Das Baden und Schwimmen im Meer an unbewachten Badestränden ist sehr gefährlich, denn die Bodenbeschaffenheit, Hindernisse wie Sanddünen und Felsen, Klippen, Wind und Wellen beeinflussen die Strömung. Da sie unter Wasser stattfindet, kann man sie oft nicht erkennen. Sie entsteht, wenn entgegengesetzte Wasserströme aufeinandertreffen und sich den einfachsten Weg zurück ins Meer suchen. Selbst Erwachsenen können schon in knietiefem Wasser die Beine weggerissen werden.

---

## 5. Wenn du im tiefen Wasser bist und das Ufer weit entfernt ist, was tust du, wenn du plötzlich müde wirst?

☑ Ich mache mit Rufen und Winken auf mich aufmerksam.

**Schwimme nicht, wenn du übermüdet bist.**

**Erklärung:** Du bist längst nicht so leistungsfähig, als wenn du ausgeschlafen wärst. Im Wasser ist außerdem die Gefahr größer, dass du plötzlich nicht mehr weiterkannst.

## 6. Was könnte dir passieren, wenn du von einer Klippe ins Meer springst?

☑ Ich muss damit rechnen, dass es nicht tief genug ist und die Strömung mich gegen die Klippen zieht.

**Springe nur ins Wasser, wenn es erlaubt, frei und tief genug ist.**

**Erklärung:** Auch wenn man schon oft vom 3- oder 5-Meter-Brett gesprungen ist, kann ein Sprung von einer Klippe doch deutlich anders verlaufen. Die Tiefe im Meer wird oftmals unterschätzt, sodass der Springer sich verletzen kann. Außerdem können die Strömung und starke Winde den Springer gegen die Felsen drücken. Vor jedem Sprung ist die Bodenbeschaffenheit genau zu untersuchen, denn es könnten Felsstücke herausragen.

Übrigens: Ein Sprung von einem Turm in ein Schwimmbecken geschieht immer auf eigene Gefahr! Wenn man dabei falsch landet, kann es zu Verletzungen der inneren Organe kommen.

**7. Wenn du eine gehisste Flagge siehst, gilt die Bedeutung auch für dich?**

☑ Ja, denn jeder Badegast muss solche Warnhinweise sowie auch Bojen, Absperrungen und Begrenzungen unbedingt beachten.

**Ist eine Flagge am Strand gehisst, befolge die Anweisung.**

**Erklärung:** Beachte unbedingt die gehissten Flaggen am überwachten Badestrand:

Wenn die grüne Fahne weht, ist das Baden im Meer uneingeschränkt erlaubt. Vorsichtig sollte man trotzdem sein.

Eine rot-gelbe Flagge kennzeichnet ein Badegebiet, welches von Rettungsschwimmern bewacht wird, z. B. das der DLRG oder dem Rotem Kreuz (das wird meist mit einer zusätzlichen Flagge angezeigt).

Eine gelbe Flagge zeigt ein Badeverbot für ungeübte Schwimmer, Kinder und ältere Personen aufgrund ungeeigneter Wasser- und Wetterbedingungen an.

Die rote Flagge steht für generelles Badeverbot. Es ist mit hohen Wellen und starker Strömung in Strandnähe zu rechnen. Selbst auf Kniehöhe kann die starke Strömung schon zur Gefahr werden und sollte somit niemals unterschätzt werden. Die Flagge wird auch bei Wasserverschmutzung oder Gefahr durch Giftquallen gehisst.

Schwarz-weiße Positionsflaggen am Ufersaum grenzen den Bereich vom Wassersportbereich ab oder weisen auf Bootsgassen hin. Baden und Schwimmen ist an diesem Strandabschnitt zwischen den Flaggen nicht erlaubt.

## 8. Was solltest du tun, wenn du auf der Luftmatratze eingeschlafen bist und dich plötzlich weit ab vom Strand befindest?

☑ Ich rufe laut um Hilfe und mache mit Winken auf mich aufmerksam.

**Benutze niemals aufblasbare Hilfsmittel als Schwimmhilfe.**

**Erklärung:** *Auftriebskörper wie aufblasbare Wassertiere, Reifen, Wasserbälle und Ähnliches geben dir keine Sicherheit im tiefen Wasser. Besonders auf Luftmatratzen wird man häufig dazu verleitet, sich unkontrolliert treiben zu lassen, und bei starkem ablandigen Wind wird es dann schwierig, zurückzupaddeln.*

---

## 9. Darfst du nachts alleine schwimmen gehen?

☑ Nein, weil ich beim Schwimmen nachher nicht mehr weiß, wo ich mich befinde.

**Verlasse bei Sturm und Dunkelheit und Gischt das Wasser!**

**Erklärung:** *Wenn du nachts im Meer schwimmst, kannst du die Orientierung verlieren und vom Ufer abtreiben. Dann bist du schneller erschöpft und kühlst auch schneller ab. Auch bei ersten Anzeichen eines Unwetters solltest du das Wasser meiden.*

## 10. Wenn du dich im Freien aufhältst und von einem Gewitter überrascht wirst, dann ...

☑ ... hocke ich mich in eine schlammfreie Mulde; dort gehe ich in die Hocke, schlinge die Arme um meine Beine und setze die Füße mit einem kleinen Abstand nebeneinander.

**Bei Gewitter ist Schwimmen lebensgefährlich! Verlasse sofort das Wasser!**

**Erklärung:** *Ein Blitz schlägt in der Regel am höchsten Punkt ein, auf dem Meer könnte es z. B. ein Segelschiff sein oder der Kopf eines Schwimmers. Meerwasser leitet elektrischen Strom hundertmal besser als Leitungswasser, destilliertes Wasser hingegen leitet den Strom tausendfach schlechter. Dennoch spürt auch ein Schwimmer im Schwimmbecken einen Stromschlag (getestet mit Haushaltsstrom) noch 20 Meter weit.*

**Suche bei einem Gewitter nicht Schutz unter einem einzelnen Baum!**

**Wenn weit und breit kein Schutz zu finden ist, mache dich in einer Mulde klein.**

# *Die Box zu den Büchern mit vielen Goodies:*

**Alle 5 Bücher aus der Reihe „Schwimmen macht Spaß!" plus Goodies:**

- *das Spiel zu „Schwimmen macht Spaß!"*
- *Baderegel-Malbuch*
- *Baderegel-Plakat A2*

**Zuerst ausmalen, dann loslegen:**
Mit 2 Spielmöglichkeiten:

**Kindergartenkinder** *spielen es wie das Leiterspiel,* **Grundschüler** *können die Karten zu den Baderegeln hinzunehmen. Erst wenn sie die Aufgabe gelöst haben, dürfen sie die Abkürzung nehmen!*

# BUCHEMPFEHLUNGEN

ab 8 Jahre

## *Das Ankunftszentrum*

Kaum sind Malte und Adrian in Mirathasia angekommen, werden sie von einem Kugelblitz getroffen und zu Boden geschleudert. Schnell erkennen sie, dass Carlos und seine fiese Bande dahinterstecken – schon wieder! Als sie Hilfe bei einer Madlina suchen, erfahren sie, dass die Sechs gar nicht als Besucher registriert sind.
Malte und Adrian verfolgen die Bande durch eine geheime Tür und gelangen in ihr Versteck. Was sie fortan erleben, schweißt die beiden mehr und mehr zusammen …

## *Gefangen im Riesenbuch*

Emily muss für die Schule ein Buch lesen, wozu sie absolut keine Lust hat. Dass sie ausgerechnet bei ihrem ersten Besuch in Mirathasia in dem Riesenbuch landet und dann auch noch mit einem Büchernarren eingesperrt wird, scheint ihr zunächst eine dicke Strafe zu sein. Bis sie dann dahinter kommt, wie der Zauber der Bücher funktioniert …